HERBST *und* WINTER

mit stimmungsvollen Dekorationen

HERBST *und* WINTER

mit stimmungsvollen Dekorationen

TESSA EVELEGH

FOTOS VON DEBBIE PATTERSON

Aus dem Englischen übersetzt von Wiebke Krabbe

Lifestyle by BUSSE SEEWALD

Titel der englischen Originalausgabe:
Tessa Evelegh: WINTER WILDCRAFTS

Die Deutsche Bibliothek – CIP-Einheitsaufnahme

Herbst und Winter mit stimmungsvollen Dekorationen /
[Tessa Evelegh. Fotos von Debbie Patterson.
Aus dem Engl. übers. von Wiebke Krabbe]. –
Herford : Busse Seewald, 2000 (Lifestyle by Busse Seewald)
Einheitssacht.: Winter wildcrafts <dt.>

ISBN 3-512-03213-3

Deutsche Ausgabe:

Übersetzung: Wiebke Krabbe, Damlos
Redaktion: Ulrike Rudolph, Bad Salzuflen
Herstellung: Richard Brüll, Vlotho
Satz: BusseDruck, Herford
gedruckt und gebunden in Singapore

ISBN 3-512-03213-3

INHALT

EINLEITUNG

Schönheit, Reichtum der Natur, kann man nicht sparen.
Er bleibt im Fluss, doch jeder hat an seinem Segen teil.
Schönheit, Zierde der Natur, zum Zeigen da …

JOHN MILTON (1608–1674)

Wer seine Kreativität von den Schätzen der Natur anregen lässt, dem werden die Ideen nie ausgehen. Jeden Monat gibt es neue Materialien, alle umsonst. Zwar sieht man sie jedes Jahr wieder, doch im Kontrast mit dem Kleid, das die Landschaft zuvor trug, überraschen sie jedes Jahr aufs Neue. Im Lauf von zwölf Monaten erscheinen Blüten und Blätter, Früchte und Zweige in immer neuem Licht und bieten so fast unerschöpfliche Möglichkeiten.

Die Fülle der Natur, die sich auf den Winter vorbereitet, ist eine Herausforderung an die Kreativität. Zu dieser Jahreszeit muss man kein Künstler sein, um aus Naturmaterialien kleine Kunstwerke zu schaffen. Früchte und Gemüse in sattem Violett, Grün, Rot, Orange; goldene Kornähren, schimmernde Eicheln und Kastanien, Blätter in feurigen Farben – die Palette ist vielfältiger als alles, was Menschen je geschaffen haben.

Der erste Schritt zum Gestalten einer natürlichen Dekoration ist das Sammeln, das selbst schon eine Freude sein kann. Ein Spaziergang macht gleich viel mehr Spaß, wenn man dabei die Augen nach schönen Farben und Formen offen hält und beladen mit allerlei Schätzen nach Hause zurückkehrt, aus denen etwas Wunderbares werden soll. Vergessen Sie nicht, dass die Natur um diese Zeit eine Vorratskammer für die Tierwelt anlegt, sammeln Sie darum Früchte und Nüsse nur in kleinen Mengen. Zum Füllen eines Gestecks gibt es reichlich abgefallenes Laub, aber auch Obst, Gemüse, Getreide, Blumen und andere Kulturprodukte. Das harte Wintergrün von Tannen, Ilex und Efeu hat als Nahrung für die Tiere weniger große Bedeutung. Beeren jedoch sollten Sie hängen lassen. Kaufen Sie die Farbtupfer für Ihre Gestecke lieber beim Floristen.

LINKS: Leuchtend rote Äpfel zeigen, dass der Herbst gekommen ist.

OBEN: Die tief stehende Sonne zaubert auf dem bunten Herbstlaub ein feuriges Leuchten.

Neben frischen Blättern, Früchten und Blumen wird man im Winter vor allem auf die haltbar gemachten Schätze des Sommers zurückgreifen. Getrocknete Blüten, Gräser und Samenstände, Blätter und Früchte bieten viele sehr effektvolle Möglichkeiten, und an langen Winterabenden ist viel Zeit für kreative Spielereien. Mit konservierten Materialien kann man auch langlebigere Objekte gestalten, etwa Bilder, Rahmen oder andere Accessoires. Getrocknete und gepresste Blätter eignen sich, ebenso wie aufgeschnittene Äpfel, Birnen oder Kartoffeln, auch zum Drucken sehr gut.

Der Schlüssel zur erfolgreichen Kreation aus Naturmaterialien liegt darin, allzu Verspieltes zu vermeiden. In schlichten Arrangements spricht die Schönheit der Materialien für sich selbst. Beschränken Sie sich auf eine einzige Sorte Früchte, Blüten oder Blätter – oder lassen Sie sich anregen von den Farbkombinationen wilder Hecken, um ein authentisches Gefühl für die Jahreszeit in Ihr Zuhause zu holen.

Betrachten Sie dieses Buch mehr als Anregung und weniger als Anleitung. Wie Momentaufnahmen entstanden mehr als sechzig Gestaltungsideen in einem einzigen Herbst und Winter. Arbeiten Sie die Vorschläge nach oder lassen Sie sich von ihnen anregen für eigene Kreationen, die die Fülle des Herbstes für einen Winter oder länger in Ihr Zuhause holen.

RECHTS: Früchte und Blüten, Beeren und Blätter kann man im Herbst in Fülle ernten.

GUTES GELINGEN

Das Gestalten mit Naturmaterialien ist wunderbar einfach, alle nötigen Techniken sind im Handumdrehen zu lernen. Ein Krug auf dem Tisch, darin ein paar Zweige im typischen Kleid der Jahreszeit – das reicht schon, um ein Stückchen Natur ins Haus zu holen. Zur Arbeit mit Wildpflanzen gehört aber auch sorgfältiges Hinschauen, Sammeln, Konservieren, Schnitzen und Trocknen. Auf den nächsten Seiten lernen Sie die wichtigsten Techniken kennen, um die Projekte in diesem Buch zu meistern.

LINKS: *Die Freude an der Arbeit mit Naturmaterialien beginnt mit dem ersten Schritt, dem Sammeln der Zutaten.*

Ernten und Sammeln

Was gibt es Schöneres als einen Waldspaziergang an einem sonnigen Herbsttag? Und natürlich ist die Suche nach Schätzen der Natur in dieser fruchtbarsten aller Jahreszeiten ein besonderes Vergnügen. Neben der Schwemme an fallenden Blättern hat der Herbst noch mehr zu bieten: glänzende Kastanien, versteckt in stacheligen grünen Hüllen, glatte Eicheln, Tannenzapfen und Zweige. Beim Sammeln solcher Schätze helfen auch Kinder mit Begeisterung. Geben Sie jedem Kind eine Tasche und lassen Sie es auf Schatzsuche gehen.

UNTEN: *Mais ist haltbar, und er gibt herbstlichen Blumengebinden, Kränzen und Girlanden Farbe und Struktur.*

Auch die Getreideernte hat für die Naturfloristik einiges zu bieten. Wenn Sie Kornkränze oder dekoratives Flechtwerk aus Strohhalmen anfertigen wollen, sollten Sie sich schon rechtzeitig auf die Suche nach Feldern mit langstieligem Getreide machen. In letzter Zeit setzen sich immer mehr kurzstielige Sorten durch. Nur wenige Bauern, die langstieliges Korn anbauen, verkaufen auch an Bastelläden – so sind die Lagervorräte schnell erschöpft.

Es lohnt sich, im Herbst nach Ziermais Ausschau zu halten, den es außer in gelb auch in goldorange, rot, rostbraun, dunkelbraun und sogar schwarz gibt. Oft werden die Kolben bereits getrocknet verkauft. Am schönsten sieht es aus, wenn man die trockenen Hüllblätter behutsam nach hinten biegt: so bekommt der Kolben hauchzarte »Flügel«.

Der Obstgarten hat viel Dekoratives zu bieten: zart bereifte Pflaumen, Äpfel in vielen Rot- und Grünschattierungen, goldgelbe Birnen. Auch die sanft gerundeten Formen dieser

OBEN: *Ein Strauß Gerste ist ein haltbares Symbol der sicher eingefahrenen Ernte. Langstielige Getreidesorten sind heute immer seltener zu bekommen.*

Früchte sind für jedes Arrangement eine Bereicherung. Sammeln Sie Fallobst. Schon ein einziger Baum kann viele schöne Obstschalen füllen.

In Gebieten, wo Hopfen angebaut wird, kann man manchmal direkt beim Bauern frische Hopfenranken kaufen. Mit ihren zarten

OBEN: In traditionellen Bierregionen ist der Hopfen mit seinen zarten Blütenständen eine besonders dekorative Zutat zu Girlanden.

LINKS: Äpfel und ungiftige Waldpilze eignen sich ausgezeichnet fur Gestecke.

Blüten gehören sie zu den bezauberndsten Schätzen des Herbstes. Dass ihre Saison so kurz ist, macht sie besonders kostbar. Die geschmeidigen Ranken lassen sich gut verarbeiten.

Wenn der Herbst zu Ende geht, gibt es Zapfen aller Art – von winzigen Lärchenzapfen bis zu großen Kiefernzapfen. Auch die Beeren von Ilex, Feuerdorn und Cotoneaster zeigen sich jetzt im leuchtenden Gewand.

MIT OBST UND GEMÜSE ARBEITEN

Allein die Fülle an Obst und Gemüse, die der Herbst zu bieten hat, lädt ein, sie für stimmungsvolle Dekorationen zu verwenden. Die Vielfalt ist enorm. Ob riesige, feuerrote Kürbisse oder winzige, glänzende Brombeeren: alle setzen durch Farbe und Form Akzente.

UNTEN: Zeichnen Sie auf der Schale eines Kürbis zuerst ein Muster vor, dann ritzen Sie es behutsam mit einem Linolschneidemesser nach.

Obst und Gemüse lassen sich auf vielerlei Weise dekorativ verwenden. Kleine Früchte, etwa Brombeeren oder Blaubeeren, kann man in hübsche Gefäße füllen und diese in ein größeres Arrangement integrieren. Mittelgroße Früchte wie Äpfel, Birnen, Pflaumen und kleine Kürbisse lassen sich gut mit Floristendraht in Gestecken, Tischdekorationen, Girlanden und Kränzen befestigen. Günstig sind frühreife Früchte, weil sie länger haltbar bleiben und das Arbeiten mit ihrem festen Fleisch einfacher ist. Festlichen Glanz erhalten die Früchte, wenn man sie mit Vergoldewachs einreibt – aber nur ganz zart, damit die natürlichen Farben der Schale noch durchschimmern.

Sehr dekorativ sehen auch beschnitzte Früchte aus. Äpfel und Birnen beispielsweise sind ganz einfach zu schnitzen. Schlichte geometrische Muster gelingen schon mit einem einfachen Küchenmesser. Birnen sollten noch unreif sein, weil sich saubere Linien in vollreifem, weichem Fleisch kaum schneiden lassen. Um Verfärbungen zu vermeiden, wird das frei gelegte Fruchtfleisch sofort mit Zitronensaft eingepinselt.

Große Gemüse, etwa Kürbisse, sind auch als Einzelstück sehr dekorativ, wenn man Muster hineinschnitzt, sie aushöhlt und eine Kerze hineinstellt. Die Schnitztechnik hängt

OBEN: Bringen Sie Ihre herbstliche Dekoration zum Glänzen, indem Sie die Früchte dünn mit Vergoldewachs einreiben, ehe Sie sie mit Floristendraht im Gesteck befestigen.

hauptsächlich von der Kürbissorte und der Struktur des Fruchtfleisches ab. Weichfleischige Sorten lassen sich meist komplett aushöhlen, sodass ein hineingestelltes Teelicht das geschnitzte Muster zum Leuchten bringt. Manche Kürbisse sind so fest, dass sie sich nicht aushöhlen lassen. Für diese verwenden Sie am besten Linolschneidemesser oder Schnitzmesser für Holz und kerben die Muster tief in die Schale, dass sie auch ohne Beleuchtung dramatisch wirken.

OBEN: *In senkrechten Streifen geschälte Birnen sehen dekorativ aus. Man kann sie als Dessert kochen oder als Tischdekoration verwenden.*

RECHTS: *Kürbisse gibt es jedes Jahr im Herbst in zahllosen Varianten, die sich zum Schnitzen geradezu anbieten. Die Farbskala reicht von feurigem Orange bis zu kühlem Cremebeige und Blaugrün, die Palette der Formen vom schlichten, ovalen Gartenkürbis über die Bischofsmütze bis zum »Ufo-Kürbis«.*

BLÄTTER KONSERVIEREN MIT GLYZERIN

Blätter, der wahre Schatz des Herbstes, überraschen uns jedes Jahr wieder mit ihrer erstaunlichen Farbfülle. Vom sattem Grün verfärben sie sich über Orange, Bronze, Gelb und Rot, und weil jedes einzelne Blatt stets mehrere Farben trägt, ist die Wirkung unglaublich faszinierend und lebendig. Leider verblassen die Farben recht schnell, oft bleiben nur die grünen Blattadern übrig. Doch es gibt wirkungsvolle Techniken, ihre Schönheit haltbar zu machen. Am besten sammelt man Blätter, die erst vor Kurzem vom Baum gefallen sind, noch ehe sie feucht und faulig werden können. Im warmen Zimmer trocknen sie und rollen sich dabei meist ein, wodurch sie oft noch interessanter aussehen. Man kann Blätter aber auch in Glyzerin konservieren, sie pressen oder skelettieren.

Mit Glyzerin (aus der Drogerie) behandelte Blätter werden nicht trocken und spröde, sondern bleiben geschmeidig. Allerdings kann sich die Farbe verändern. Manche Sorten dunkeln leicht nach, andere werden völlig schwarz oder kupferrot. Im Bereich der Blattadern ist die Verfärbung oft intensiver. Beeren, Knospen und sogar Eicheln können mitsamt den Blättern konserviert werden.

Wichtig ist, dass der Saft in den Stielen noch aufsteigt, denn nur so können die Blätter das Glyzerin aufnehmen. Wenn das Wasser aus den Blättern verdunstet, wird durch den Stiel neue Flüssigkeit aufgesogen – nun aber das haltbar machende Glyzerin.

Mischen Sie einen Teil Glyzerin mit zwei Teilen sehr heißem Wasser. Gut schütteln und die Mischung in eine etwa 7,5 cm hohe Vase mit schmalem Hals geben. Alle beschädigten Blätter von den Zweigen entfernen, dann die Stiele schräg anschneiden, damit sie die Flüssigkeit möglichst gut aufsaugen können. Die Blätter müssen 2–3 Wochen in der Lösung stehen bleiben, dann sind sie haltbar und können weiter verarbeitet werden.

Wenn die Blätter spröde werden, waren sie für diese Konservierungstechnik zu alt: der Saft stieg in den Stielen nicht mehr auf und sie konnten die Glyzerinlösung nicht absorbieren. Probieren Sie es noch einmal, und wählen Sie Blätter, die sich frisch und geschmeidig anfühlen.

LINKS: Gepresste Blätter geben Familienfotos einen dekorativen Rahmen.

OBEN: Um Blätter zu konservieren, stellt man die vorbereiteten Stiele etwa 2 Wochen lang in Glyzerinlösung. So nehmen sie langsam die haltbar machende Flüssigkeit auf. Ist die Lösung aufgesogen, ehe die Blätter konserviert sind, füllen Sie Glyzerinlösung nach.

LINKS: Die fertig konservierten Blätter fühlen sich ledrig-geschmeidig an und haben meist eine kupferbraune Färbung. Die Blattadern heben sich sehr häufig dunkler ab.

BLÄTTER PRESSEN

Im Herbst verdrängen Orangetöne, Gold und Rostbraun das Grün des Sommers. Vor allem an milden Tagen kann man beobachten, wie sich auf einzelnen Blättern die warmen Herbsttöne mit dem matten Spätsommergrün mischen. Dabei entstehen herrliche Farbkombinationen; man kann kaum der Versuchung widerstehen, sie einzufangen und festzuhalten.

LINKS: Herbstlaub behält auch beim Pressen seine herrlichen Farben.

Das Pressen ist eine der einfachsten Methoden, Pflanzen haltbar zu machen, und Blätter bieten sich hierfür geradezu an. Sie sind von Natur aus flach und im Herbst oft schon leicht angetrocknet, obendrein verlieren sie beim Pressen kaum ihre herrlichen Farben. Wählen Sie unbeschädigte Blätter mit interessanten Formen, etwa Sykomore, Eiche oder Ahorn, und suchen Sie besonders schön gefärbte Exemplare aus. Allzu trocken dürfen die Blätter nicht sein, sonst könnten sie beim Pressen beschädigt werden. Frisch gefallene Blätter sind am besten. Erinnern Sie sich an das Kinderspiel, die herabfallenden Blätter zu fangen, ehe sie auf dem Boden landen?

Wenn Sie keine spezielle Blumenpresse besitzen, legen Sie die Blätter zwischen einige Bögen Löschpapier und beschweren sie mit dicken Büchern. Größere Mengen Blätter lassen sich gut zwischen den Bögen eines Aquarellblocks pressen. Auch hier sorgen dicke Bücher für den nötigen Druck. Nach einigen Tagen wird das Ergebnis begutachtet. Die Blätter sind fertig, wenn sie völlig flach und trocken sind, sodass sie nicht umkippen, wenn man sie aufrecht hält. Sind die Blätter noch weich, müssen sie einige Tage länger gepresst werden. Gepresste Blätter sind recht spröde, man muss sie bei der weiteren Verarbeitung vorsichtig behandeln. Am besten bewahrt man sie in einer flachen Schachtel zwischen Lagen von Seidenpapier auf. Sie eignen sich besonders gut zur Dekoration von Fotoalben oder handgeschöpftem Papier.

OBEN: Die warmen Farben der zierlichen, runden Holzäpfel sind eine Bereicherung für herbstliche Gestecke.

BLÄTTER SKELETTIEREN

Wenn im Herbst die Blätter auf den feuchten Boden fallen, verwandeln sie sich oft von allein in filigrane Skelette. Manchmal zerfallen die fleischigen Bereiche komplett, sodass nur ein zartes Gerüst aus Blattadern übrig bleibt. So schön diese Skelette sind, in der Natur wird man kaum ein unbeschädigtes Exemplar finden. In zahlreichen Experimenten hat man über Jahre hinweg versucht, diesen Prozess künstlich herbeizuführen. Früher legte man die Blätter einige Wochen lang in ein Gefäß voll Regenwasser, bis das weichere Gewebe verrottete und man es behutsam mit einer weichen Bürste, etwa einer Zahnbürste, entfernen konnte.

UNTEN: *Um die Blätter zu skelettieren, kocht man sie in einer Spülmittellösung.*

Heute gibt es einfachere Methoden. Geben Sie die Blätter und eine Tasse voll Geschirrspülmittel in einen Topf mit Wasser, bringen Sie alles zum Kochen und lassen Sie die Blätter eine halbe Stunde köcheln. Dann die Blätter herausnehmen und das Gewebe mit einer weichen Zahnbürste entfernen. Sehen die fertig skelettierten Blätter unansehnlich braun aus, können sie in einer milden Bleiche-Lösung aufgehellt werden. Anschließend gründlich mit klarem Wasser spülen.

Skelettierte Blätter sehen sehr zerbrechlich aus, und sie sind es auch. Dennoch kann man sie vielseitig einsetzen. Mit Vergoldewachs eingerieben und gerahmt ergeben sie einen ebenso schlichten wie edlen Wandschmuck. Unter feinen Tüll geschoben werten sie jede Tischdecke auf. Man kann sie sogar als natürliche »Deckchen« unter Petits Fours oder Pralinen auf einer Glasplatte arrangieren. Sie sehen in Blumengestecken edel aus, und man kann sie sogar für Découpagearbeiten verwenden. Dafür werden die Blätter auf eine Schachtel oder ein Möbelstück geklebt und mit mehreren dünnen Lackschichten überzogen, bis sie optisch mit dem Untergrund verschmelzen.

OBEN: *Ob naturbelassen oder – wie hier – mit Vergoldewachs eingerieben: skelettierte Blätter sehen edel und filigran aus.*

ZITRUSFRÜCHTE VERARBEITEN

Die schönsten Zitrusfrüchte reifen erst im Winter heran. So ist es kein Zufall, dass die leuchtenden, herrlich duftenden Früchte seit jeher zu den beliebtesten Winterköstlichkeiten zählen. Aber auch zu dekorativen Zwecken werden Orangen und Zitronen schon seit dem Mittelalter verwendet, und noch heute benutzt man sie, um Kränzen oder Tischdekorationen eine winterliche Note zu geben. Frisch verarbeitet wirken die Früchte knackig und modern, getrocknet haben sie eine eher traditionelle Ausstrahlung.

UNTEN: Mit einem Linolschneidemesser kann man filigrane Muster in die Schale ritzen.

Zu den bekanntesten und beliebtesten Dekorationen aus Zitrusfrüchten gehören Pomander, die einen ganzen Winter lang halten. Man spickt die Früchte mit Gewürznelken, wälzt sie in pulverisierter Veilchenwurzel und trocknet sie dann einige Wochen lang. Das ist eine langwierige und riskante Sache, weil die Früchte leicht schimmeln können. Schneller und sicherer gelingt die Trocknung im Ofen, am besten mit Umluft. Nimmt man die Pomander heraus, ist die Schale nicht so dunkel und hart wie bei der traditionellen Trocknung, sondern eher geschmeidig und lederartig. Außer Orangen kann man auch Zitronen, Kumquats und Limonen gut im Ofen trocknen.

Zum Trocknen wird die Schale der Zitrusfrüchte eingeschnitten, damit die heiße Luft an das Fruchtfleisch gelangt. Man steckt die vorbereiteten Früchte auf Schaschlikspieße, deren Enden auf den Rand einer tiefen Backform gelegt werden. Die Früchte selbst müssen frei hängen, sodass die Luft ringsum gut zirkulieren kann. Dann werden aufgespießte Früchte samt Form in den vorgeheizten Ofen (110 °C / Gas

OBEN: Die Schale wird eingeschnitten, damit die heiße Luft ans Fruchtfleisch gelangt.

UNTEN: Den Spieß so durch die Frucht schieben, dass das Muster unversehrt bleibt.

OBEN: *Man kann die Nelken zu geometrischen Mustern oder einfachen Motiven anordnen.*

Stufe 1/4) geschoben und mindestens 12 Stunden getrocknet.

Schneller und einfacher ist es, dekorative Muster in die Schale von Zitrusfrüchten zu ritzen. Sie brauchen dazu ein Linolschneidemesser und feste Früchte, die dem Messer genug Widerstand entgegensetzen, um saubere Schnitte zu erzielen. Üben Sie zuerst das Schneiden von senkrechten Streifen oder einfachen Spiralen rings um die Frucht, ehe Sie sich an kompliziertere Muster wagen. Auch mit einem Zestenschneider kann man schöne Muster aus feinen parallelen Linien oder Schachbrettmuster in die Schale schneiden. Solche verzierten Zitrusfrüchte eignen sich nicht nur als Dekoration im Ganzen. In Viertel geschnitten ergeben sie eine edle Beilage zu Fischgerichten oder feinen Desserts.

Haltbare Winterdekorationen

Zu jeder Jahreszeit wünscht man sich, dass frischer Blumenschmuck möglichst lange hält. Vor allem im Winter sollen die Dekorationen jedoch mindestens die Festtage unversehrt überstehen. Zum Glück haben viele immergrüne Pflanzen dicke Stiele, die reichlich Wasser speichern. Weil gleichzeitig bei kaltem Wetter die Verdunstung gering ist, sind die Startvoraussetzungen günstig. Geschnittene Zweige von Ilex oder Kiefer halten sich im Freien sogar ohne Wasser mehrere Wochen lang.

Eine langlebige Dekoration steht und fällt mit dem Unterbau. Weichen Sie Floristenschaum gründlich ein, dann lassen Sie ihn

UNTEN: Für den Unterbau werden Steckschaum-Stücke in Kükendraht gewickelt, dann wird die Form zurechtgebogen.

OBEN: Wenn man keinen Steckschaum verwenden kann, etwa in Girlanden, befestigt man Orchideengläser mit Bindedraht.

abtropfen und schneiden ihn in Form. Je größer die Stücke, desto besser speichern sie das Wasser. Der Schaum wird in der gewünschten Form ausgelegt und dann in einen Streifen Kükendraht gewickelt. Legen Sie den Unterbau dort aus, wo die fertige Dekoration angebracht werden soll, um die Proportionen zu kontrollieren.

Für einen Kranz muss man kleinere Stücke zuschneiden, um eine ebenmäßige Form zu erhalten, oder einen fertigen Schaumkranz verwenden. Blätter und Blüten in den Schaum stecken und alles mit einem Blumensprüher einnebeln. Werden Kränze nach dem Aufhängen mindestens einmal täglich eingesprüht, halten sie sich etwa vierzehn Tage lang frisch.

Girlanden lassen sich nur schlecht mit Steckschaum aufbauen. Für einzelne Blüten kann man aber sehr gut Orchideengläser mit Bindedraht befestigen.

UNTEN: Robuste immergrüne Pflanzen wie dieser zweifarbige Ilex halten sich in der kalten Jahreszeit auch ohne Wasser lange frisch.

OBEN: Damit sich solche schönen Dekorationen lange frisch halten, müssen sie täglich mit Wasser eingesprüht werden.

LINKS: Mit etwas täglicher Fürsorge bleiben solche Gestecke in der Wohnung bis zu zwei Wochen lang schön.

FRÜCHTE DES FRÜHHERBST

Zeit des Nebels und der reifen Früchte,
Busenfreund der Abendsonne;
gemeinsam tuscheln sie, wie sie die Reben am Schindeldach
schwer mit köstlichen Trauben beladen können.

John Keats (1795–1821)

OBEN: *Blüten und Früchte des Herbstes in schöner Eintracht.*

LINKS: *Im Frühherbst lädt der Obstgarten zur Ernte ein.*

TRADITIONELLE STROHFLECHTEREI

Wenn Sie einmal gelernt haben, mit fünf Strängen zu flechten, werden Ihnen diese kompliziert aussehenden Strohfiguren leicht gelingen. Man kann solche Strohfiguren aus den verschiedensten Halmen flechten, am besten eignen sich lange Weizenstiele. Suchen Sie Halme aus, bei denen der Abstand zwischen der Ähre und dem ersten Knoten möglichst groß ist.

MATERIAL

ein Bündel lange, hohle Weizenhalme
Rosenschere oder scharfe Haushaltsschere
ein kurzes Stück Bast
2 getrocknete Eichenblätter

1 Zuerst die Blätter von den Halmen entfernen, jeden Halm über den ersten Knoten abschneiden und 15 Minuten in Wasser einweichen. Aus dem Wasser nehmen und stehend abtropfen lassen. Fünf Halme direkt unter den Ähren mit etwas Bast zusammenbinden. Dann die Halme wie die Speichen eines Rades auseinanderbiegen, die Ähren zeigen dabei nach unten. Jetzt legen Sie gegen den Uhrzeigersinn den ersten Halm über die beiden folgenden, sodass er zwischen dem dritten und vierten Halm zu liegen kommt. Nehmen Sie nun den davor liegenden Halm (den dritten) und legen Sie ihn über die zwei folgenden.

LINKS: So eine traditionelle Wendelfigur ist nicht schwer zu flechten. Wenn Sie die Flechttechnik mit fünf Halmen beherrschen, können Sie zahllose Variationen gestalten.

2 Nehmen Sie nun wieder den vorherigen Halm und führen Sie ihn über die beiden nächsten. Wenn Sie so fortfahren, erhalten Sie einen einfachen Rundzopf. Für dieses Modell muss das Geflecht jedoch verbreitert werden.

3 Um den »Bauch« zu erhalten, falten Sie den ersten Halm vorsichtig so, dass er parallel außerhalb des zweiten liegt. So wird die Knickstelle im ersten Halm leicht nach außen verlagert.

4 Dann den ersten Halm weiterführen, dass er eben innerhalb des dritten liegt. Wenn Sie so in Runden weiterarbeiten, wird sich die Flechtfigur langsam erweitern.

5 Ist das Ende eines Halmes erreicht, schneiden Sie ihn schräg ab und schieben einen neuen Halm in das Ende. Soll sich die Figur verjüngen, verlagern Sie die Knickstellen der Halme in jeder Runde leicht nach innen. Zum Schluss flechten Sie aus den restlichen Halmen einen Zopf, den Sie zur Schlaufe legen, um die Figur aufzuhängen. Mit Eichenblättern verzieren.

KLASSISCHE GARBEN

Die einfachsten Garben sind oft die schönsten. Lange, gerade Kornähren, in der Mitte mit einem einfachen Band verschnürt, ergeben ein ausgewogenes und dekoratives Gebinde. Solche Garben sind ein uraltes Symbol der Ernte, und das ist sicherlich ein Teil ihres Reizes. Mit Herbstlaub, Nüssen und Blüten lassen sich kunstvollere Garben in abwechslungsreichen Farben und Strukturen gestalten.

RECHTS: *Ein Bund Hafer, garniert mit Eichenlaub und Mais, ist ein schönes Gebinde, das an der Gartenpforte Besucher willkommen heißt.*

UNTEN: *Zuerst werden die Eichenzweige mit Bast an dem Getreide befestigt, dann bindet man den Maiskolben sicher daran fest. Die Wicklung aus Seegras dient nur zur Dekoration.*

OBEN: Sehr dekorativ ist Gerste mit ihren fiedrigen Grannen und den langen, geraden Halmen. Dreht man die Halme leicht, fächern sie oben und unten auseinander. Das sieht schön aus und sorgt zugleich für festen Stand. Die Garbe ist mit Bast zusammengebunden und mit einem Zopf aus fünf Seegras-Strängen umschlungen.

LINKS: Für den Seegras-Zopf die fünf Stränge an einem Ende zusammenbinden, dann parallel in die Handfläche legen. Der rechts liegende Strang wird abwechselnd über und unter den anderen hindurchgeführt. Weiterhin mit dem jeweils rechts liegenden Strang ebenso verfahren. Zum Schluss einen Knoten schlingen.

HOPFEN-GIRLANDE

Hopfenranken, dicht besetzt von zarten hellgrünen Blüten, sehen wunderbar wild und urwüchsig aus. Die Ranken, die bis zu 7 m lang werden können, bieten sich als Basis für eine Girlande an, ob nun am Türrahmen, auf dem Kaminsims oder zu einer Hochzeit an der Kirchhofspforte. Wenn Sie den Hopfen im frühen Herbst ernten, ist er noch frisch und lässt sich gut verarbeiten. Man kann Hopfen auch getrocknet kaufen. Dann sprüht man die Ranken unmittelbar vor der Verarbeitung mit Wasser ein, damit sie sich besser biegen und formen lassen.

MATERIAL

Haken oder Nägel
Hammer
Zange
Bindedraht (Rolle)
Hopfenranken
mindestens 12 feste Birnen (z. B. Conférence)
Vergoldewachs
stabile Steckdrähte

1 An beiden Seiten des Kaminsims Haken oder Nägel einschlagen. Die fertige Hopfengirlande mit Bindedraht daran befestigen.

2 Mit den Fingern Vergoldewachs auf den Birnen verreiben. Dabei soll die Schale der Früchte noch durchschimmern.

RECHTS: *Weich gerundete Birnen mit seidiger, vergoldeter Schale heben sich dekorativ von der Hopfengirlande ab.*

3 Einen stabilen Steckdraht durch das Blütenende jeder Birne schieben und die Enden zusammendrehen. Dann zur Befestigung den Draht um die Ranken der Girlande winden.

KERZE IM KOHL-KRANZ

Im Herbst ist die Auswahl an Zierkohl mit prächtig bunt gefärbten Blättern groß. Hier werden blaugrüne Blätter mit dunkelroten Blattadern für einen ebenso einfachen wie originellen Kerzenkranz verarbeitet.

MATERIAL

Küchenmesser
Steckschaum
Stumpenkerze
Teller
Zierkohl

1 Aus dem Schaum einen Block zurechtschneiden, der groß genug für die Kerze ist und ringsum einen Rand zum Einstecken der Blätter hat. Den Schaum einweichen, abtropfen lassen und auf den Teller legen. Die Kerze in der Mitte hineindrücken.

LINKS: Die blaugrünen Kohlblätter haben ein Muster aus rötlich-violetten Blattadern.

2 Den Rand des Steckschaum-Blocks schräg abschneiden. Die Kohlblätter vom Kopf lösen und einzeln mit der Innenseite nach oben in den Schaum stecken. Unten beginnen.

3 Die oberste Blattreihe mit der Außenseite nach oben einstecken, sodass sie sich von der Kerze weg wölben.

OBSTSCHALE MIT HORTENSIEN-KRANZ

Wenn der Sommer dem Herbst weicht, werden die Farben der Hortensienblüten allmählich immer sanfter. Die grünen Sorten behalten ihr frisches Aussehen, auch wenn sie völlig trocken sind, die übrigen Blüten nehmen ein warmes Altrosé an. Diese Töne passen perfekt zu denen von reifen Pflaumen und Feigen. Hier werden Blüten und Früchte zu einem harmonischen Arrangement kombiniert.

MATERIAL

Ring aus Steckschaum, 40 cm Durchmesser
grüne Servierschale
10 Hortensienblüten, Hortensienlaub
Rosenschere

1 Den Schaumring einweichen, dann die Schale in seine Mitte stellen. Die Hortensienstiele auf 2,5 cm kürzen.

2 Die Blüten so einstecken, dass der Schaumkranz verdeckt ist. Mit einzelnen Blättern auflockern.

LINKS: Violett und Grün ist eine ungewöhnliche, aber durchaus attraktive Farbkombination.

VERZIERTE FRÜCHTE

Reife Früchte, Sinnbild der Erntezeit, gibt es im Herbst in Hülle und Fülle. Man kann sie schön verziert servieren oder auch als reine Dekoration verwenden. Im Herbst ist Obst so preiswert, dass auch Fehler keine Katastrophe sind: man kann die misslungene Frucht einfach aufessen oder für einen köstlichen Kuchen verarbeiten.

RECHTS: Beschnitzte Zitronen sehen als essbare Tischdekoration in einer hübschen Schale gut aus. Zum Schnitzen verwendet man ein Linolschneidemesser. Probieren Sie verschiedene Schnörkel, Linien oder Karomuster aus.

UNTEN: Dessert-Birnen sind im Handumdrehen mit dem Sparschäler verziert. Zitronensaft verhindert, dass das Fruchtfleisch braun wird.

RECHTS: Äpfel gelten vielerorts als Symbol der Liebe – der witzige Kussmund spricht darüber Bände. Wählen Sie eher grünliche Äpfel mit matter Schale. Dann tragen Sie reichlich rotbraunen Lippenstift auf Ihre Lippen auf und geben jedem Apfel einen herzhaften Kuss. Die Äpfel in Einzelkörbchen legen oder in einer Schale arrangieren.

HAGEBUTTEN-BÄUMCHEN

Sammeln Sie im Garten verschiedene Hagebutten und gestalten Sie daraus dieses zauberhafte Bäumchen für Haus, Garten oder Terrasse. Sie brauchen dicke Gartenhandschuhe, weil die meisten Wildrosen kräftige Dornen haben. In feuchtem Steckschaum halten sich die Früchte mindestens eine Woche lang.

MATERIAL

Küchenmesser
Würfel aus Steckschaum
Tonblumentopf
einige Weidenruten
Rosenschere
Würfel oder Kugel aus Steckschaum
feste Arbeitshandschuhe
verschiedene Hagebutten
Moos

1 Den Schaumwürfel so zuschneiden, dass er fest im Blumentopf sitzt. Die Weidenruten auf 45 cm stutzen und zusammen in die Mitte des Schaumes im Blumentopf stecken.

2 Das zweite Stück Steckschaum grob zu einer Kugelform zurechtschneiden, dann einweichen und fest auf den »Stamm« aus Weidenruten stecken.

LINKS: *Hagebutten mit ihrer hübschen Form und dem lebendig leuchtenden Rot bieten sich für herbstliche Dekorationen förmlich an.*

TIPP

Dieser hübsche Hagebuttenbaum ist ein schöner Willkommensgruß in der Diele oder neben der Haustür.

3 Mit Handschuhen die Zweige kürzen und in den Schaum stecken, bis er komplett bedeckt ist.

4 Den Schaum im Topf mit Moos abdecken.

KRÜGE VOLLER HERBSTFARBEN

Wie der Sonnenuntergang protzt auch der Herbst noch einmal machtvoll mit Farben, ehe die dunkle Zeit anbricht. Gelb, Gold, Rostbraun und das letzte Grün der Blätter wetteifern mit dem Rot und Orange der Beeren und Früchte. Herbststräuße brauchen kein kunstvolles Arrangement. Stellen Sie sie in einen schönen Krug – das reicht.

UNTEN: Zweige mit Holzäpfeln harmonieren schön mit den rotbraunen Buchenblättern.

LINKS: *Die leuchtend orangeroten Lampionblumen* (Physalis) *sind ein hübscher Blickfang für viele Sträuße und Gestecke. Hier sind sie in einem schlichten Krug mit hellgrünen Blättern zu einem lebhaften Herbststrauß kombiniert.*

OBEN: *Herbstliche Beeren kann man wunderbar miteinander kombinieren. Hier stehen wächsern-durchsichtige Früchte des Schneeballs neben orangeroten Vogelbeeren.*

LINKS: *Hortensienblüten nehmen im Herbst herrlich sanfte Töne an. Dieses Gesteck enthält verschiedene Sorten, rote Beeren sorgen für Farbtupfer.*

TISCHDEKORATION MIT HOLZÄPFELN

Die hübschen, zierlichen Holzäpfel kann man im Herbst in herrlichen Farben finden. Vor allem die als Zierpflanzen gezüchteten Sorten bieten sich für Dekorationen wie diesen Kerzenkranz an. Als Unterbau dient feuchter Steckschaum, doch das Gesteck hält sich auch nach dem Austrocknen noch lange.

MATERIAL

Kranz aus Steckschaum, 25 cm Durchmesser
4 ockergelbe Spitzkerzen
Rosenschere
2 Zweige mit Holzäpfeln
3 Eichenzweige (möglichst Mooreiche)

1 Den Steckschaum einweichen, die Kerzen in gleichmäßigen Abständen hineinstecken. Mit der Rosenschere Dolden aus Holzäpfeln von den Zweigen schneiden. Zuerst den Kranz mit Eichenlaub bestecken.

2 Auch auf der Innenseite des Kranzes Eichenblätter einstecken.

3 Zuletzt die Holzäpfel hinzufügen.

LINKS: *Das Gelb und Rostrot der Holzäpfel und der Eichenblätter harmoniert perfekt mit dem Ockergelb der Kerzen.*

GOLDENER SPÄT-HERBST

Blass ist die Welt, wenn der Herbst naht,
und die schwache Sonne legt sich nieder;
Süß sind die Tage, wenn der Winter kommt,
Und die Winde sich tot stellen.

WILLIAM MORRIS (1834–1896)

OBEN: *Den letzten Schliff gibt eine einfache Satinschleife.*

LINKS: *Wenn der Herbstwald in der Mittagssonne leuchtet, wird der Sammelspaziergang zum sinnlichen Ereignis.*

Wenn die Blätter fallen, gibt es keinen Zweifel, dass der Spätherbst da ist. Unter das Grün des Sommers mischen sich leuchtende Orange- und Goldtöne. Man möchte meinen, der Herbsthimmel stehe in Flammen.

Weil das Wetter nun insgesamt trüber wird, haben die klaren Tage ihren speziellen Zauber. Die flach stehende Sonne wirft ein goldenes Licht mit langen Schatten, die weicher wirken als die der gleißenden Sommersonne.

Jetzt gibt es viel zu ernten und haltbar zu machen. Die Trockenheit des Spätsommers und

LINKS: *Golden leuchtendes Laub ist das schönste Merkmal des Herbstes.*

UNTEN: *Die langsamen Veränderungen der Laubfärbung zeigen sich im warmen Sonnenlicht von ihrer schönsten Seite.*

OBEN: *Schönes Eichenlaub und Eicheln kann man auf einem Herbstspaziergang sammeln.*

das verlangsamte Wachstum im Herbst sorgt schon für die Haltbarkeit der Pflanzen vor. Fangen Sie die Farben ein, indem Sie gepresste Blätter einrahmen, zwischen die Seiten eines Fotoalbums legen oder für natürliche Découpage-Arbeiten verwenden. Für schöne Arrangements von kürzerer Lebensdauer reicht es aus, die sanft geschwungenen Blätter an der Luft trocknen zu lassen.

Wenn Sträucher und Bäume ihre Blätter verlieren, fallen die Zweige umso mehr ins Auge. Besonders dekorativ sind die leuchtend roten Zweige des Hartriegel *(Cornus)*. Schneiden Sie einige davon, um Vogelhäuschen, Tabletts oder dekorative Schachteln zu basteln.

Der Spätherbst ist auch die Zeit der Kürbisse, die es in fantastischen Farben von feurigem Rot bis zu kühlem Blau gibt. Schon solo sind sie sehr dekorativ, doch kann man sie auch kunstvoll verzieren.

An den langen Herbstabenden hat man viel Zeit, aus den gesammelten Schätzen Kränze, Zierbäumchen und andere Kunstwerke aus getrockneten Blüten und Gräsern zu gestalten.

ELEGANTER LAMPENSCHIRM

Skelettierte Blätter mit ihren filigranen Strukturen eignen sich gut zur Herstellung edler Dekorationen. Man kann die Blätter selbst skelettieren oder fertig vorbereitet kaufen. Durch die Vergoldung bilden sie einen eleganten Kontrast zu dem grünen Lampenschirm.

MATERIAL

Malerschwamm
grüne Dispersionsfarbe (oder Plakatfarbe)
1 Lampenschirm aus weißem Stoff
Vergoldewachs
8 skelettierte Blätter
(je nach Größe des Lampenschirms)
Klebstoff

1 Den Schwamm anfeuchten, ausdrücken und in die Farbe tauchen. Den Lampenschirm grundieren.

2 Mit den Fingern Vergoldewachs auf den Blättern verteilen. Dann die Anordnung der Blätter auf dem Lampenschirm ausprobieren.

3 Den Klebstoff sparsam auf die Rückseiten der Blätter auftragen, andrücken und einige Sekunden festhalten, bis der Kleber anzieht.

4 Rings um den Rand des Lampenschirms die übrigen Blätter ebenso aufkleben.

LINKS: Skelettieren bringt die Blattadern klar hervor.

KRANZ AUS GRÄSERN

Dieser Kranz aus getrockneten Gräsern wirkt durch seine Schlichtheit. Zugleich erinnern die Samen der Gräser an Getreide, die ursprünglichste Quelle des Lebens. Nutzen Sie lange Herbstabende, um die getrockneten Schätze des Sommers zu verarbeiten.

MATERIAL

1 m stabiler Draht
grünes oder braunes Floristen-Klebeband
etwa 30 große Gras-Samenstände
(von kleineren entsprechend mehr)
Rosenschere oder Haushaltsschere
Bast

OBEN: *Wählen Sie möglichst üppige Grasähren. Die Blätter werden nicht abgeschnitten, sie geben dem Kranz zusätzlich Struktur.*

1 In beide Enden des Drahtes eine Schlinge biegen, zum Ring formen und die Schlingen ineinander haken. Mit Floristenband umwickeln.

2 Mit einer Rosenschere die Gräser knapp unterhalb der Ansatzstelle der ersten Blätter abschneiden.

3 Ein Stück Bast doppelt legen, um den Drahtring führen und die Bastenden durch die Schlinge ziehen. Gut festziehen.

4 Zwei Grashalme knapp unter der Ähre mit dem Bast an der Außenseite des Drahtringes festbinden. Die Stielenden mit Bast umwickeln.

5 Nach 7,5 cm zwei weitere Halme befestigen, diesmal jedoch auf der Innenseite des Ringes. So fortfahren, bis der Ring vollständig verdeckt ist. Die Bastenden sorgfältig verknoten.

Hinweis

Gräser sind sehr dekorativ, doch ihr frisches Grün verliert sich rasch. Wenn sie trocknen, nehmen sie ein warmes Goldgelb an. Gute Trockengräser erhalten Sie in Blumengeschäften und Fachgeschäften für Floristik-Bedarf.

SCHACHTELN MIT BLÄTTER-DRUCK

Herbstblätter lassen sich auch ausgezeichnet für allerlei dekorative Schablonenmalereien einsetzen. Suchen Sie besonders interessante Formen aus, wie etwa diese tief eingeschnittenen Eichenblätter.

MATERIAL

einfache Papp- oder Spanschachteln
matte Latexfarbe in Blaugrau und Creme
Pinsel
1 großes Eichenblatt
1 kleines Eichenblatt
Schablonierpinsel
Zeitung
Acryl-Klarlack

UNTEN: Das Eichenlaub-Muster in Blau und Creme ist eine schöne Abwechslung zu den konventionellen Herbstfarben.

1 Die Schachteln von innen und außen mit der matten blaugrauen Farbe grundieren, trocknen lassen. Dann die Anordnung der Blätter für das Muster ausprobieren.

2 Den Schablonierpinsel in die cremefarbene Farbe tauchen, überschüssige Farbe auf Zeitungspapier abtupfen. Ein großes Blatt auf die Seitenwand der geschlossenen Schachtel halten und die Ränder nachtupfen. Ringsherum wiederholen.

3 Das große Blattmotiv auf dem Deckel wiederholen. Dann mit kleinen Eichenblättern eine Bordüre um den Deckelrand tupfen. Große blaugraue Flächen zwischen den Blättern mit etwas heller Farbe betupfen. Die helle Farbe soll nur hauchdünn aufgetragen werden, sodass die blaugraue Grundierung durchschimmert.

4 Wenn die Farbe getrocknet ist, die Schachtel innen und außen mit Klarlack versiegeln.

SCHIMMERNDER SPIEGELRAHMEN

Die Samenstände des Silberblattes *(Lunaria)* schimmern wie Perlmutt. Sie sind wie geschaffen für die Kombination mit dem Glanz eines Spiegels. Das Ensemble wirkt leicht und verspielt, aber dennoch ganz natürlich. Silberblatt ist an Feldrändern zu finden, auch in Bauerngärten breitet es sich gern aus. Aus den kleinen violetten Blüten bilden sich unscheinbare graue Samenstände, doch wenn man deren Schalen entfernt, kommen die schimmernden Membranen zum Vorschein. Die zarten Blättchen sind erstaunlich robust. Trotzdem bleiben sie natürlich länger schön, wenn sie einen ruhigen Platz bekommen.

MATERIAL

stabiler Draht
Seitenschneider
1 runder Spiegel mit Befestigungsklammern
Zange
braunes oder grünes Floristen-Klebeband
möglichst viele Stiele Silberblatt
50 cm elfenbeinfarbenen Organza

1 Aus dem Draht einen Ring bieten, dessen Durchmesser 5 cm kleiner ist als der des Spiegels. Die Enden verhaken, dann umwickeln.

2 Die Schalen von den Samenständen entfernen und die Stiele auf etwa 18 cm kürzen. Einen Zweig mit Floristenband an dem Drahtring festbinden.

3 Den nächsten Zweig um ein kleines Stück versetzen, sodass der Hauptstiel noch auf dem Hauptstiel des ersten Zweiges liegt. Auf diese Weise bilden die Blätter später eine dichte Masse. Den Drahtring dicht an dicht mit Silberblatt bestücken. Dann werden Draht und Floristenband versteckt.

4 Einen etwa 5 cm breiten Organzastreifen schneiden und zwischen den Blättern um den Ring wickeln. Drei 15 cm lange Drahtstücken zuschneiden und ebenfalls umwickeln.

5 Die Drähte an einem Ende knapp umbiegen und in den Kranz haken. Dann den Kranz auf den Spiegel legen und die drei Drähte zur Befestigung des Kranzes hinter den Spiegel biegen. Den Spiegel aufhängen und mit einer großen Schleife aus einem Streifen Organza verzieren.

PAPIERKORB MIT DÉCOUPAGE-MOTIV

Es ist sehr reizvoll, statt Papier schöne Blätter für Découpage-Arbeiten zu verwenden. Die Blätter müssen zuerst gepresst werden, damit sie flach auf dem Untergrund liegen. Nach dem Aufkleben werden sie mehrfach überlackiert, sie optisch mit dem Untergrund verschmelzen.

MATERIAL

Acrylfarbe in Grün und Gelb
Papierkorb aus Holz oder Spanplatte
Pinsel
Reißlack
ein großes gepresstes Blatt
Gewichte oder dicke Bücher
Acryl-Klarlack

1 Den Papierkorb innen und außen mit grüner Farbe grundieren, trocknen lassen.

2 Je nach Fabrikat muss Reißlack unterschiedlich verarbeitet werden, beachten Sie darum die Herstellerangaben. Am besten probieren Sie das Produkt am Boden des Papierkorbes aus. Dann die Außenseiten mit ein bis zwei Schichten Reißlack überziehen und trocknen lassen.

3 Danach behutsam die zweite Farbe aufpinseln. Beim Trocknen bilden sich viele Risse, deren Größe und Art von der Konsistenz der oberen Lackschicht abhängt.

4 Die Rückseite des Blattes mit Weißleim einstreichen, vor allem an den Kanten sorgfältig arbeiten. Das Blatt auflegen und mit Gewichten beschwert über Nacht ruhen lassen. Dann die Gewichte entfernen und den Leim vollständig aushärten lassen.

5 Alle Oberflächen dünn mit Klarlack versiegeln und trocknen lassen. Diesen Vorgang so oft wiederholen, bis das Blatt aussieht, als wäre es auf den Papierkorb gemalt.

IN BUSINESS? WANT MORE? CALL LOOT'S BUSINESS DEPT

KUNSTVOLLES KÜRBIS-WINDLICHT

Dies filigrane Muster ist viel einfacher zu schnitzen als man denken möchte, und es ist eine edle Abwechslung zu den klassischen »Kürbisköpfen«. Am schönsten sieht eine ganze Gruppe aus, stimmungsvoll mit Teelichtern von innen beleuchtet.

MATERIAL

Kugelschreiber
Kürbis
Cutter oder scharfes Messer mit Wellenschliff
Küchenmesser
Löffel oder Melonenausstecher
Linolschneidemesser
Teelicht

OBEN: *Auch der wellenförmig geschnittene Deckel ist Teil der Dekoration.*

1 Zunächst die Wellenlinie für den Deckelrand vorzeichnen, dann den Deckel mit dem Cutter abtrennen. Mit einem scharfen Küchenmesser ein Loch in den Deckel schneiden, damit die Kerze genug Luft bekommt.

2 Die Samen herauslöffeln, dann möglichst viel vom Fruchtfleisch aus dem Kürbis schaben.

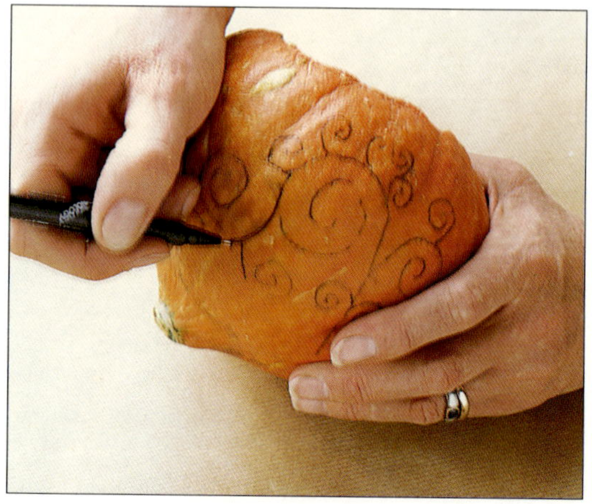

3 Nun aus freier Hand auf die Oberfläche ein Muster aus verschiedenen Schnörkeln zeichnen.

4 Mit unterschiedlich breiten Linolschneidemessern die Muster ausschnitzen. Probieren Sie dann aus, ob das Licht einer Kerze durch die Schale scheint. Eventuell den Kürbis weiter aushöhlen.

WINTER-ZAUBER

Jedes Blatt wispert mir zu
wenn es vom herbstlichen Baum fällt,
dass ich lächeln soll, wenn Schneekränze blühen
wo eigentlich Rosen wachsen.

EMILY BRONTË (1818–1848)

OBEN: *So schön können panaschierte Ilex-Blätter aussehen.*

LINKS: *Der Raureif wirft einen weißen Schleier über die letzten Blätter und hebt Adern und Stiele hervor.*

Wenn der erste Frost seinen weißen Glitzermantel über alles Wachstum legt, bleibt kein Zweifel: der Winter ist da. Der erste frostige Morgen läutet die Totenglocke des Herbstes, er schickt alle sommergrünen Pflanzen in den Winterschlaf. Jetzt gibt es kaum noch Blüten, Früchte überdauern den Winter nicht und nur die robustesten Beeren schenken dem Garten etwas Farbe.

Dies ist die Zeit der Immergrünen. Tiefdunkle, dicht benadelte Koniferen produzieren Zapfen, die so klein wie ein Pflaumenstein oder größer als eine Faust sein können. Sowohl Zapfen als auch Zweige sind ein großartiges Rohmaterial für allerlei Gestecke, ebenso wie die glänzenden Blätter von Ilex und Efeu. Bei so

UNTEN: *Blattstrukturen, vom Frost überzuckert.*

OBEN: *Ilexzweige sind auch ohne Blätter ein farbenprächtiger Winterschmuck, vor allem als dicker Strauß in einem schönen Krug.*

viel üppigem Grün sind kaum getrocknete oder konservierte Materialien als Zusatz nötig. Doch für kleine Geschenke sollte man ihren Wert nicht unterschätzen.

Aus getrocknetem Lavendel, Rosenblüten und Gewürzen werden schöne Geschenke für liebe Menschen, und aus leuchtenderen Blüten wie etwa Schafgarbe werden Dekorationen, die Erinnerungen an den Sommer wach halten.

Die natürlichen Farben für Dekorationen dieser Jahreszeit sind Grün und Rot. Helle Akzente, die solche Arrangements beleben, setzen panaschierter Ilex oder Efeu. Variationen des Themas Rot kommen durch verschiedene Früchte wie Äpfel, Preiselbeeren und Granatäpfel ins Spiel, dazu passen die Beeren von Ilex und Feuerdorn, die in den Wintermonaten im Freien zu finden sind.

RECHTS: *Die vereisten Gräser wirken vor dem dunklen Stamm wie skurrile Skulpturen.*

UNTEN: *Raureif bringt die Konturen der wilden Pilze zum Glitzern.*

SCHAFGARBEN-KUGELBAUM

Wenn man Schafgarbe *(Achillea millefolium)* trocknet, behält sie ihre schöne, goldgelbe Farbe. Weil die Blütenstände wie große bunte Kissen aussehen, lässt es sich sehr zügig damit arbeiten. Hier setzen die getrockneten Samenstände des Schwarzkümmels *(Nigella orientalis)* zusätzlich markante Akzente.

MATERIAL

Küchenmesser
Würfel aus Steckschaum
Gelber Übertopf
Rosenschere
ein Bund Weidenruten oder ähnliche Zweige, 45 cm lang
Kugel aus Steckschaum, 18 cm Durchmesser
Bast
3 große Bunde getrocknete Schafgarbe
1 Bund *Nigella orientalis*
trockene Herbstblätter

VARIATION

Auch andere Trockenblumen kann man auf diese Weise verarbeiten, z. B. Pfingstrose, Schimmerbaum, Rose, Sumpfgarbe, Perlpfötchen und Strohblume.

1 Den Schaumwürfel passend für den Übertopf zuschneiden. Die Zweige auf gleiche Länge stutzen.

2 Die Zweige als Bündel in die Mitte des Schaums in den Topf drücken, dann die Kugel auf das obere Ende stecken.

3 Die Zweige mit Bast umwickeln. Die Bastenden sorgfältig verknoten.

4 Die Stiele der Schafgarbe auf 2,5 cm kürzen und in den Schaum stecken, bis die Kugel vollständig verdeckt ist.

5 Die Stiele des Schwarzkümmels auf 5 cm kürzen und in Abständen dazwischenstecken.

6 Eine Sammlung schöner trockener Herbstblätter so auf dem Übertopf arrangieren, dass der Schaum völlig verdeckt ist.

GESCHENKE – NATÜRLICH VERPACKT

Die Natur hat viel zu bieten, das sich als Zutat zu kreativen Verpackungen eignet. Die robusten Pflanzen und Samen des frühen Winters haben auch praktische Vorteile gegenüber den zarten Sommerblüten. Mit Blättern, Gräsern und Zweigen lassen sich liebevolle und ganz preiswerte Verpackungen gestalten. Am schönsten wirken diese Materialien auf ganz einfachem Papier, etwa braunem Packpapier oder einfarbigem Recyclingpapier. Ansonsten benötigen Sie nur schlichten Bindfaden, Seegras- oder Juteschnur oder einfachen Draht als originelle Verschnürung Ihrer Päckchen.

OBEN: Hartriegelzweige wirken durch ihre leuchtend rote Färbung und den geraden Wuchs als Dekoration auf dem simplen Packpapier ganz modern. Das Bündel ist mit ungefärbtem Lederband verschnürt und auf dem Päckchen befestigt. Der Farbton des Leders harmoniert perfekt mit dem Papier.

LINKS: Jedes dieser Päckchen ist ein Unikat. Dieses Trio beweist, wie gut verschiedene natürliche Verpackungen zueinander passen.

OBEN: *Dieses Päckchen ist in stabiles Recyclingpapier gewickelt und mit einer Seegras-Schnur zugebunden. Zwei buschige Grasähren sorgen für die Dekoration.*

RECHTS: *Flechtenbewachsene Lärchenzweige haben einen besonderen Reiz, der durch die winzigen Zapfen noch unterstrichen wird. Wer keinen solchen Baum im Garten hat, wird im Winter auch bei einem guten Floristen fündig. Dieses Päckchen ist in Recyclingpapier gewickelt, ein kleinerer Bogen transparentes Ölpapier bildet einen zarten Hintergrund für den Zweig. Zum Verschnüren genügt Bindfaden.*

Edle Karten

Selbst gemachte Grußkarten überbringen Grüße auf besondere Weise, und die Natur ist reich an Anregungen. Im frühen Winter findet man vielfältige Materialien, die meistens bereits vorgetrocknet sind. Sammeln Sie Blätter, Samen, Blüten und Zweige. Dazu brauchen Sie noch einige schöne, stabile Papiere als Hintergrund und einige gute Ideen – mehr nicht.

LINKS: Handgemachte Karten und Geschenkanhänger aus Naturmaterialien.

OBEN: Edel, aber ganz einfach zu machen ist diese Karte mit dem herzformig zugeschnittenen Buchenblatt auf einem Bett aus Silberblatt.

LINKS: Winzige getrocknete Chrysanthemenblüten auf einem Quadrat aus Naturfaserpapier, das asymmetrisch auf den Untergrund aus Recyclingkarton geklebt ist. Die Kanten sind gerissen, damit sie weicher wirken.

RECHTS: Ein Geschenkanhänger aus Rindenpapier, Eichenlaub und goldenem Bindfaden.

POTPOURRI MIT ROSEN UND GEWÜRZEN

Aus den aromatischen Düften von Rose, Lavendel und Gewürzen kann man ein herrliches Winter-Potpourri komponieren. Der Duft wird mit Veilchenwurzel fixiert, so hält er einen ganzen Winter lang. Um das Aroma aufzufrischen, träufeln Sie einfach ein paar Tropfen heißes Wasser aus dem Teekessel auf das Potpourri.

MATERIAL

Vergoldewachs
7 Zimtstangen, in Drittel geschnitten
18 Sternanis-Früchte
6 ml/120 Tropfen ätherisches Lavendelöl
3 ml/60 Tropfen ätherisches Geraniumöl
2 ml/40 Tropfen ätherisches Gewürznelkenöl
kleine Flasche
2,5 ml/$^{1}/_{2}$ Teel. gemahlene Muskatnuss
25 g gemahlene Veilchenwurzel
25 g ganze Gewürznelken
15 g getrocknete Macisblüte
115 g getrocknete Lavendelblüten
225 g getrocknete Rosenknospen

1 Die Zimtstangen und den Sternanis mit Vergoldewachs einreiben und beiseite stellen.

2 Die Öle in einer Flasche kräftig schütteln. Muskatnuss und Veilchenwurzel mit etwas Öl vermischen. Die restliche Ölmischung über die Gewürze geben, abgedeckt 24 Stunden ruhen lassen.

UNTEN: Die zarten rot-gelben Rosenknospen geben der fertigen Potpourri-Mischung Farbe.

3 Zimtstangen und Sternanis mit den übrigen Zutaten und den Ölen mischen. Abgedeckt an einem dunklen Ort 6 Wochen ruhen lassen. Dann kann das Potpourri verwendet werden.

TISCHDEKORATION AUS ÄPFELN UND EFEU

Leuchtend rote Äpfel und dunkelgrüner Efeu mit glänzenden Beeren sind ein schönes Paar, das hier als Tischschmuck in traditionellem Rot-Grün auftritt. Kleine Holzäpfel sind ein ebenso pfiffiges wie dekoratives Detail.

MATERIAL

Eisenurne
Plastikfolie
1 Block Steckschaum
Küchenmesser
stabile Steckdrähte
etwa 16 rote Äpfel
2 Zweige Holzäpfel
Rosenschere
Efeuranken mit Beeren

UNTEN: Die himbeerroten Stumpenkerzen passen perfekt zum Ton der Äpfel.

1 Die Urne mit der Plastikfolie auslegen, den Steckschaum einweichen und zuschneiden. Durch jeden Apfel einen Steckdraht schieben und die Enden zusammendrehen.

2 Einen Kranz aus Äpfeln am Rand der Urne anordnen und im Schaum verankern. In der zweiten Runde die Äpfel oberhalb der ersten anordnen. Mit einem Apfel in der Mitte zur Kuppel abrunden.

3 Trauben von Holzäpfel drahten und in die Lücken zwischen den Äpfeln stecken. Die Efeuranken kürzen und ebenfalls in dem Schaum verankern.

4 Alle noch verbliebenen Lücken im Arrangement mit gedrahteten Holzäpfeln auffüllen.

GESTECK AUS ILEX UND GRANATÄPFELN

Granatäpfel sind ein echter Augenschmaus, vor allem aufgeschnitten, wenn sie ihre glänzenden roten Samen enthüllen. Dies ist eine moderne Interpretation des klassischen rotgrünen Winterthemas mit Ilex und Granatäpfeln, den »Christbaumkugeln der Natur«.

MATERIAL

1 Block Steckschaum
große, flache Schale
1 großes Bund panaschierten Ilex
Rosenschere
1 Bund Ilex-Beeren *(Ilex verticillata)*
Messer
6 Granatäpfel
24 stabile Steckdrähte

OBEN: Geviertelte Granatäpfel bringen das klassische Ilex-Gesteck zum Glitzern.

1 Den Steckschaum einweichen, abtropfen lassen und in die Schale legen. Drei längere Ilexzweige fächerförmig als Hintergrund einstecken.

2 Mit Ilexzweigen in abgestuften Längen auffüllen, sodass eine Kuppelform entsteht. Die Beerenzweige gleichmäßig im Gesteck verteilen.

3 Die Granatäpfel der Länge nach vierteln, jedes Stück auf einen Steckdraht schieben und das Drahtende umbiegen.

4 Die Granatäpfel vorsichtig in den Strauß stecken. Gleichmäßig verteilen und bei Bedarf die Drähte zurechtbiegen.

HERZ AUS CRANBERRIES

Jung und pfiffig ist dieses Herz aus Preiselbeeren und Bast. Die Beeren kann man vom Spätherbst bis zum tiefen Winter sammeln. Im Haus behalten sie ihre Farbe einige Wochen lang, sie werden aber etwas schrumpelig, wenn sie trocknen.

MATERIAL

Seitenschneider
I m stabilen Draht
I große Schale Cranberries
Bindedraht (Rolle)
Bast

1 Den Draht halbieren, in ein Ende einen kleinen Haken biegen. Vom anderen Ende her die Beeren auffädeln. Ist der Draht voll, das zweite Ende umbiegen und beide verhaken.

2 Die beiden Drahtringe herzförmig zurechtbiegen und ineinander legen. Oben und unten mit Bindedraht zusammenbinden.

3 Die Herzen mit Bast umwickeln, der zwischen den Beeren hindurchgeführt wird. Die Bastenden zu einer Aufhänge-Schlaufe verknoten.

WINTERLICHE STILLE

Dort draußen schläft der Winter mit lächelndem Gesicht – er träumt vom Frühling !

SAMUEL TAYLOR COLERIDGE (1772–1834)

OBEN: *Winterjasmin hat überraschend zarte und doch sehr robuste gelbe Blüten, die bis ins Frühjahr hinein an den kahlen Zweigen erscheinen.*

LINKS: *Ein schlichter Metallkorb voll grün-weißer Ilex-Blätter bringt Farbe in trübe Wintertage.*

KRANZ AUS EUKALYPTUS UND CHRISTROSEN

Die blaugrünen Blätter des Eukalyptus haben eine frostige Ausstrahlung, die von den weißen Winterblüten wie diesen edlen Christrosen *(Helleborus niger)* betont wird. Wer keine Christrosen bekommt, kann an ihrer Stelle auch weiße Anemonen verwenden.

MATERIAL

Küchenmesser
Kugel aus Steckschaum, mindestens 18 cm Durchmesser
Teller (23 cm Durchmesser)
4 weiße Kaminkerzen, 2,5 cm Durchmesser
Schere
1 Bund kleinblättrigen Eukalyptus
13 weiße Christrosen oder Anemonen

1 Die Schaumkugel halbieren oder von einer größeren Kugel ein Stück abschneiden, das auf den Teller passt. Einweichen und abtropfen lassen. Mit dem Küchenmesser die Kerzen auf verschiedene Längen schneiden, die Dochte mit der Schere durchtrennen. Die Kerzen in die Mitte der Schaumhalbkugel drücken.

LINKS: Das edle Gesteck harmoniert gut mit den dicken weißen Kerzen, die an Altarkerzen erinnern.

2 Die Eukalyptuszweige in 15 cm lange Stücke schneiden und flächendeckend in den Schaum stecken.

3 Die Stiele der Christrosen auf 12,5 cm kürzen und die Blüten in unregelmäßigen Abständen zwischen die Eukalyptusblätter stecken.

EUKALYPTUS-STERN

Die hübschen immergrünen Blätter des Eukalyptus lassen sich gut trocknen. Sie werden zwar etwas kleiner, behalten aber ihre Farbe. Der zarte Stern ist eine attraktive Dekoration, die lange hält und dabei langsam trocknet.

MATERIAL

12 Weidenruten, je ca. 60 cm lang
Rosenschere
Bindedraht (Rolle)
kleinblättriger Eukalyptus

1 Die Weidenruten auf gleiche Länge schneiden und an den Enden mit Draht paarweise verschnüren. Je drei Paare zu einem Dreieck zusammenbinden.

2 Ein Dreieck so über das andere legen, dass ein Stern entsteht. Alle Kreuzungspunkte fest mit Bindedraht umwickeln.

3 Eukalyptuszweige an dem Weidenstern befestigen, sodass ein lockerer, fiedriger Stern entsteht.

WINTERLICHER KRONLEUCHTER

Grün-weißer Ilex ist die Grundlage für die prächtige und langlebige Dekoration dieses Kronleuchters. Die Arbeit mit Ilex-Triebspitzen ist wesentlich angenehmer, weil sie kaum Dornen haben.

MATERIAL

Große Tannenzapfen für den Korb
Zeitung
Sprühlack »Antik-Gold«
dekorativer Drahtkorb
Zweige panaschierter Ilex
Rosenschere
Bindedraht

2 Junge, gut verzweigte Triebspitzen vom Ilex mit Bindedraht am Rand des Korbes befestigen. Die Seitentriebe geben dem Kranz Fülle.

1 Zuerst die Tannenzapfen an einem gut belüfteten Ort mit dem Goldlack einsprühen. Trocknen lassen und in den Drahtkorb legen.

3 Unter dem Boden des Korbes mit Bindedraht ein kleines Bündel Ilex-Blätter aufhängen.

EUKALYPTUS-PYRAMIDE

Die hübsche Pyramide kommt in einer Glasschale mit Fuß besonders gut zur Geltung. Auf einem trockenen Steckschaum-Rohling ist das Gesteck schnell gemacht. Die Blätter halten sich einige Tage lang frisch, dann verwandeln sie sich allmählich in ein haltbares Trockengesteck.

MATERIAL

Kegel aus Steckschaum, 20 cm hoch
Glasschale mit Fuß
Rosenschere
kleinblättrige Eukalyptuszweige
Eukalyptus-Knospen

2 Je weiter Sie zur Spitze kommen, umso steiler werden die Zweige gesteckt.

1 Den Schaumrohling in die Schale stellen, am Boden des Kegels mit dem Bestecken beginnen.

3 Wenn der Kegel völlig von Blättern bedeckt ist, werden die Blüten dazwischengeschoben.

HERZLICHE ROSEN-GRÜSSE

Herzformen überbringen eine ganz spezielle Botschaft. Dieses Herz aus konservierten grünen Buchenblättern und getrockneten goldgelben Rosenknospen findet bestimmt einen Ehrenplatz im Haus.

MATERIAL

75 cm stabilen Draht
Zange
grünes Floristenband
Bindedraht (Rolle)
einige Zweige konservierte Buchenblätter
12 getrocknete gelbe Rosenknospen

1 Den Draht zum Kranz biegen, die Enden miteinander verhaken und alles mit dem Floristenband umwickeln.

2 Den Drahtring zu einer Herzform zurechtbiegen.

3 Mit Bindedraht die Buchenzweige am Drahtherz befestigen. Dabei die Zweige so biegen, dass sie sich der Herzform anpassen.

4 12 Stücke Bindedraht von je 5 cm Länge abschneiden, jedes durch den Boden einer Rosenknospe schieben und die Enden zusammendrehen.

5 Die gedrahteten Knospen am Kranz befestigen. Dabei die Drahtenden sorgfältig unter die Buchenzweige schieben.

DEKOKUGELN MIT BLÜTEN UND BLÄTTERN

Diese Kugeln sind eine besonders schöne, natürliche Dekoration. Sie bestehen aus konservierten Buchen- und Eichenblättern. Buchenblätter bilden auch die Basis der Kugel aus getrockneten Hortensienblüten. Für die Kugeln im Laubgewand werden die Blätter vor der Verarbeitung mit etwas Vergoldewachs eingerieben.

MATERIAL

Vergoldewachs
konservierte Buchenblätter
Heißklebepistole und Klebestäbe
Kugel aus Steckschaum, 10 cm Durchmesser
getrocknete Hortensienblüten
Schere

1 Entlang der Hauptader eines Buchenblattes Klebstoff auftragen, dann das Blatt auf die Kugel kleben. Zunächst Blätter rings um den »Äquator« befestigen.

2 Dann die beiden Hälften der Kugel komplett mit Blättern bekleben.

LINKS: *Dazu passt Band in herbstlichen Farben.*

3 Die Hortensienblüten mit etwas Vergoldewachs einreiben. Die Einzelblüten abschneiden, die Stiele dabei auf 3 mm kürzen.

4 In die Mitte der Rückseite jeder Blüte einen Tropfen Kleber geben, dann auf die Buchenblätter drücken. Die hoch stehenden Ränder der Blüten geben der Kugel zusätzlich Struktur.

Winterlicher Fensterschmuck

Tageslicht ist im Winter besonders kostbar, machen Sie darum die Fensterbank zur Bühne. Holen Sie mit immergrünen Zweigen die Natur ins Haus, verlängern Sie mit Kerzen und Laternen das Licht um einige Stunden. Am schönsten aber sind weiße Winterblüten, die Lichtakzente auf die Fensterbank zaubern. Bedenken Sie, dass viele der Winterblüten wunderbar duften. Im Laufe des Winters lösen verschiedene Sorten einander ab, etwa Schneeglöckchen, weiße Narzissen und Christrosen.

UNTEN: Bringen Sie einen flechtenbewachsenen Lärchenzweig zum Glänzen, indem Sie etwas Vergoldewachs darauf verreiben. Eine Reihe aus Laternen vervollständigt das Ensemble. Kerzen nicht unbeaufsichtigt brennen lassen und keine Gardinen davor zuziehen!

OBEN: Ein zauberhaftes Gebinde für den Fenstergriff: weiße Zwergnarzissen in Orchideengläsern, die in weißen Organza gehüllt sind.

RECHTS: Weiße Blüten in weißen Gefäßen zaubern Licht auf die Fensterbank.

FRÜHLINGSBOTEN

Wenn die Natur noch im tiefsten Winterschlaf liegt, ist das Erscheinen der ersten Zwiebelblumen ein freudiges Ereignis. Viele Zwiebeln treiben schon im tiefsten Winter, wenn man sie im Haus zieht. Dazu werden die Zwiebeln im Herbst in Töpfe und Schalen gesetzt, dann müssen sie an einem warmen, dunklen Ort sechs Wochen lang ruhen. Wenn Sie die Pflanzzeit im Herbst verpasst haben, sehen Sie sich im Blumengeschäft nach Weihnachtsnarzissen oder Hyazinthen um, die Sie noch umpflanzen und für eigene Arrangements verwenden können. Selbst die saftig grünen Triebspitzen, Vorboten der duftenden Blüten, sehen prächtig aus. Nach dem Einsetzen treiben die Pflanzen erstaunlich schnell ihre langen, schlanken Blätter, die auch ohne Blüten schon sehr dekorativ sind.

OBEN: *Die Blätter werden mit U-förmig gebogenen Stücken aus Bindedraht festgesteckt.*

LINKS: *Eine Schicht Herbstblätter schützt die Narzissenzwiebeln vor Kälte, zugleich ist sie ein dekorativer Hintergrund für die ersten frisch-grünen Triebspitzen.*

OBEN: Hyazinthen sehen am schönsten aus, wenn man sie einzeln in Töpfe setzt und dann zu Paaren oder größeren Gruppen arrangiert.

RECHTS: Hyazinthen gedeihen auch ganz ohne Erde, solange ihre Wurzeln nur genug Wasser bekommen. Glasflaschen wirken angenehm hell und freundlich, gleichzeitig kann man das Wachstum der zarten Wurzeln beobachten. Sehr dekorativ ist der »Kragen« aus Herbstlaub.